Un mundo mejor, nuestra serie de historias inspiradoras
para aprender a cambiar y mejorar el mundo,
pretende aproximar a los niños a toda una serie
de héroes cotidianos.

Son protagonistas que tuvieron una idea genial
para mejorar las condiciones de vida
de las personas o del medioambiente
y han demostrado el talento y la capacidad
para poner esas ideas en práctica
de manera productiva.

Algunos de los títulos de esta serie han sido concebidos
en colaboración con la **Fundación Ashoka,**
una de las principales asociaciones internacionales
que apoya el emprendimiento social
y descubre a sus principales protagonistas.

Guía de lectura

 Encontrarás citas de la protagonista.

 Obtendrás información más detallada.

Textos
Anaïs Faner

Ilustraciones
Marta Ponce

Dirección de la colección
Eva Moll de Alba

Esta obra ha recibido una ayuda a la edición
de Ministerio de Cultura y Deporte

MINISTERIO
DE CULTURA
Y DEPORTE

DIRECCIÓN GENERAL DEL LIBRO
Y FOMENTO DE LA LECTURA

© **Vegueta Ediciones**
Roger de Llúria, 82, principal 1ª
08009 Barcelona
veguetaediciones.com

Primera edición: febrero de 2023
ISBN: 978-84-17137-82-3
Depósito Legal: B 19732-2022
Impreso y encuadernado en España

FSC
www.fsc.org
MIXTO
Papel procedente de
fuentes responsables
FSC® C111592

ANAÏS
FANER

MARTA
PONCE

ELEANOR ROOSEVELT
LA DEFENSORA DE LA HUMANIDAD

Esta es la historia de alguien
que, con su determinación
y esfuerzo, ha conseguido algo
tan valioso como mejorar
la vida de los demás
y poner su grano de arena
para construir un mundo mejor.

Vegueta 🏠 Infantil

El Nueva York de 1884 se parecía bien poco a la imagen de grandes rascacielos, taxis amarillos y musicales de Broadway que probablemente tengas en la cabeza. En la ciudad en la que nació un 11 de octubre de 1884 Anna Eleanor Roosevelt no había coches ni teléfonos ni nada por el estilo, sino más bien unas calles polvorientas atestadas de caballos y carruajes.

Eleanor era considerada una niña tímida y asustadiza, con la manía de bajar la mirada mientras esperaba que otros hablaran por ella. «Granny, es la hora de ir a la cama», solía decirle su mamá, quien le puso este apodo, que significa «abuelita», porque la consideraba demasiado seria para su edad.

Pero la valentía que Eleanor demostraría años más tarde dejó claro que esa niña tímida había quedado muy atrás en el pasado.

Q

«A la larga, damos forma a nuestras vidas y nos damos forma a nosotros mismos. El proceso nunca termina hasta que morimos».

Eleanor Roosevelt

Gracias a Eleanor Roosevelt, hoy todas las naciones son tratadas por igual. A ella le debemos que podamos salir del país y luego regresar, elegir dónde deseamos vivir; que todas las personas —incluyendo, por primera vez, a las mujeres— seamos iguales, pero reconociendo las diferencias entre unos y otros.

Eleanor estrenó un nuevo capítulo del mundo, uno con ganas de mejorar. Redactó la carta magna de la humanidad, la que recoge los derechos de todas las personas sin distinción de sexo, nacionalidad o clase social.

Te contaremos cómo y por qué lo hizo...

«Ganamos fuerza, coraje y confianza por cada experiencia en la que realmente nos paramos a mirar el miedo a la cara».
Eleanor Roosevelt

Eleanor Roosevelt, la sobrina favorita del vigésimo sexto presidente de los Estados Unidos, Theodore Roosevelt, tuvo una infancia desgraciada. Perdió a su madre cuando aún era una niña y, muy pronto, también a su hermano por culpa de la misma enfermedad: la difteria.

Su papá se convirtió entonces en su héroe. Él era la persona a la que más quería.

Y aunque siempre estaba de viaje, le escribía cartas a Eleanor contándole todas las maravillas que harían juntos cuando regresase. «Un día iremos a pasear por el parque más verde de Londres», le prometió.

Pero la desgracia perseguía a la familia. Su papá se acostumbró a beber más alcohol de la cuenta y, al poco tiempo, falleció de un ataque de *delirium tremens*. Su hermano mayor no tardó en seguir el mismo camino.

Theodore Roosevelt

Fue presidente de los EE UU de 1901 a 1909. Es recordado por su activismo en la conservación de la flora y fauna del país y su liderazgo del Movimiento Progresista, un período de reforma para acabar con la corrupción.

Difteria

Hasta finales del siglo XIX, esta enfermedad infecciosa que afecta a las vías respiratorias fue una de las causas principales de muerte infantil. Hacia 1923 se descubrió una vacuna y hoy está prácticamente erradicada.

Delirium tremens

Se trata de un episodio de delirio agudo que se produce como consecuencia de un síndrome de abstinencia en pacientes alcohólicos.

Huérfanos de madre y padre, Eleanor y su hermano menor quedaron a cargo de su abuela materna, Mary Ludlow Hall, que vivía en Manhattan rodeada de extraordinarios privilegios. Su estricta abuela, que dirigía la casa a su manera, no podía imaginar un mundo sin cocineras, criados o sin las comodidades que tenían las familias adineradas de aquella época. Ella les educó de un modo bastante severo, abusando de las órdenes absurdas y los castigos.

«No está permitido leer en la cama», les advertía la estricta cuidadora. Así que no le quedó otra que esconder sus libros debajo del colchón y despertarse a las cinco de la madrugada para dedicar un ratito a la lectura.

Del mismo modo, su abuela se encargó de la educación formal de sus nietos. Eleanor fue educada por tutores privados hasta los quince años y, en 1899, la matriculó en la Academia Allenswood, un internado para niñas en Londres.

Manhattan

Es una isla situada en la desembocadura del río Hudson, donde se encuentra el distrito de mayor población de los cinco que conforman Nueva York. Es el centro financiero y cultural de la ciudad.

Academia Allenswood

Internado para niñas de la aristocracia europea y la clase alta estadounidense. Estaba ubicada en una casa de estilo Tudor en el distrito londinense de Wandsworth.

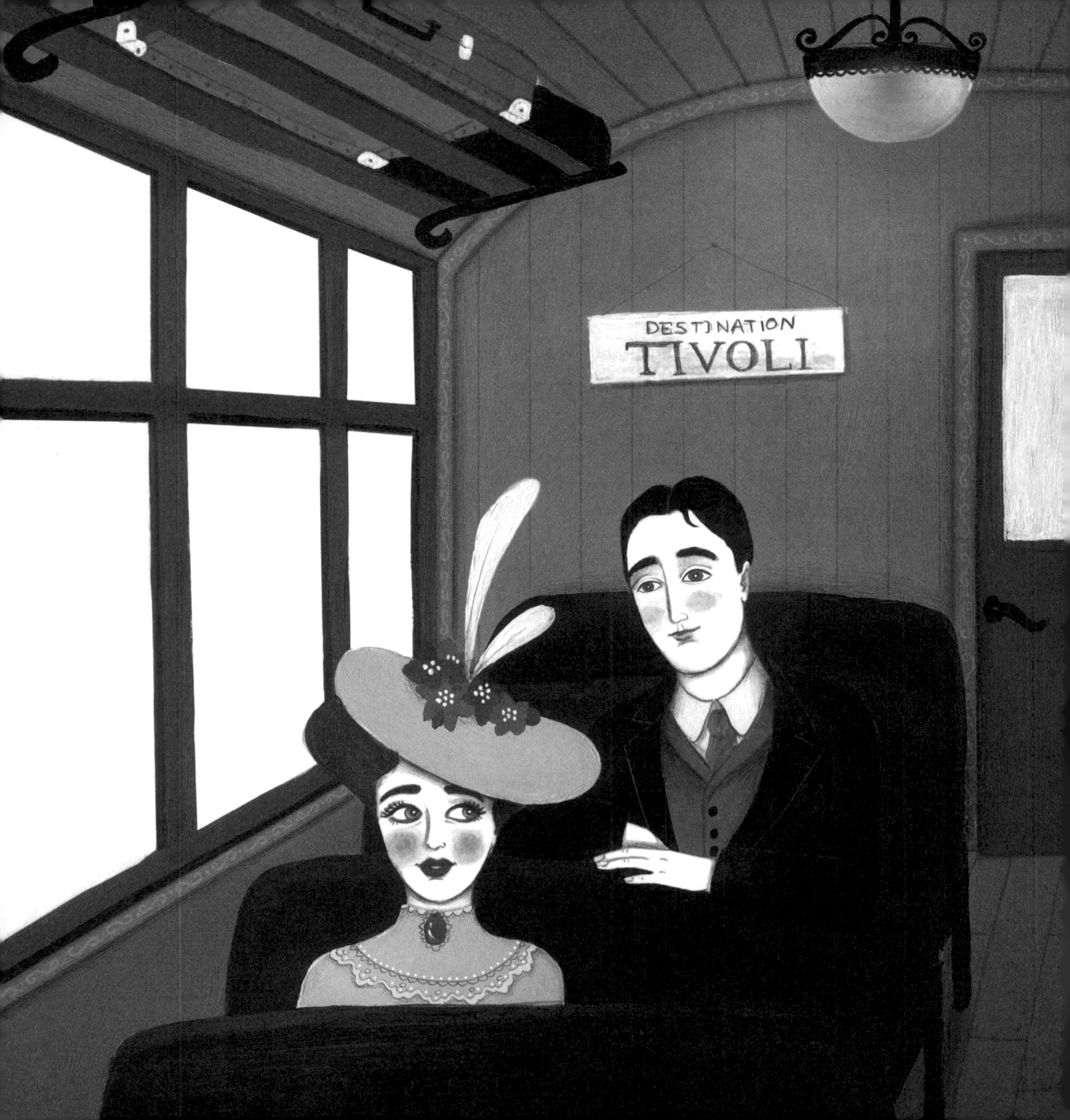
DESTINATION
TIVOLI

En Allenswood, Eleanor tuvo la oportunidad de empezar de nuevo. Decidida a convertirse en una mujer independiente, dedicó sus esfuerzos a entrenar la imaginación y la memoria.

Estudió dos idiomas a la vez: francés e inglés, y enseguida descubrió que el aprendizaje de otras lenguas era su gran pasión. La academia fue esencial para que Eleanor consiguiera plantarle cara a sus inseguridades y dejara de considerarse a sí misma un «patito feo».

Cuando, al cumplir dieciocho años, terminó su educación formal, regresó a Nueva York y asistió a una gran cantidad de fiestas y bailes. En esa época coincidió en un tren destino a Tívoli con un primo lejano, Franklin Delano Roosevelt, que estudiaba en la Universidad de Harvard. Se enamoraron y, temerosos de la opinión de sus respectivas familias, empezaron a verse a escondidas.

A pesar de que la madre de Franklin quería romper la relación, Eleanor y él acabaron casándose el 17 de marzo de 1905. La pareja pasó un verano de película. Visitaron a amigos y familiares, celebrando su unión en Gran Bretaña, Francia, Italia y Alemania. La familia fue creciendo. Su marido y sus hijos eran lo primero, pero Eleanor supo organizar su tiempo de la mejor manera: cuidaba la casa, viajaba a menudo y se embarcaba en multitud de actividades.

Viajar por el mundo la ayudó a entender por qué tantas personas vivían en niveles de pobreza extrema, a comprender qué sentían y qué pensaban.

A pesar de que parecía que la vida era un cuento de hadas y que jamás perdería la magia, todo se torció cuando en 1918 descubrió que su marido se había enamorado de otra mujer. Eleanor se enfureció y se entristeció a la vez.

No llegaron a firmar los papeles del divorcio, pero su relación no volvió a ser la misma. Pasaron a ser unos amigos que llevaban vidas separadas.

«Como mi marido y mis hijos tenían prioridad, dispuse mi agenda alrededor de ellos, de tal modo que pudiera estar siempre en casa cuando ellos estuvieran. Y siempre he tenido intereses fuera de casa».
Eleanor Roosevelt

Divorcio en Estados Unidos

El divorcio es un procedimiento legal para disolver un matrimonio. A mediados del siglo XIX, los procedimientos para obtenerlo variaban según el estado. En Nueva York solo se admitía como causa el adulterio.

Con los años, Franklin fue triunfando como demócrata en el mundo de la política. En apariencia, la vida sonreía a la familia personal y profesionalmente. Sin embargo, durante unas vacaciones en la isla canadiense de Campobello sus vidas cambiaron para siempre.

«Papá, papá, a ver quién es más rápido nadando», lo desafiaron sus hijos una tarde. Resuelto, Franklin aceptó el reto, pero cuando despertó al día siguiente no podía mover su pierna izquierda. Empezó a tener fiebre y dolores por todo el cuerpo.

Al cabo de unos días dejó de sentir su cuerpo de cintura para abajo. Le diagnosticaron poliomielitis con tan solo 39 años. La enfermedad no tenía cura. Su madre intentó convencerle para que se retirara de la política, pero su mujer le animó a seguir luchando.

«El futuro pertenece a quienes creen en la belleza de sus sueños», le dijo la sabia Eleanor.

Demócratas vs. Republicanos

El Partido Demócrata y el Partido Republicano son los dos grandes partidos políticos de los Estados Unidos. Se considera que los demócratas son el partido liberal, de izquierdas, mientras que los republicanos representan a la parte más conservadora.

Poliomielitis

Es una enfermedad infecciosa que se combate con la vacunación y que afecta principalmente el sistema nervioso central. En su forma aguda lleva a la parálisis y atrofia muscular.

Con el paso del tiempo, Franklin logró mover sus brazos de nuevo, pero tuvo que permanecer en una silla de ruedas durante el resto de su vida. Fue un golpe muy duro, pues siempre fue una persona sana, amante del deporte, de la navegación y del mar, algo de lo que tendría que prescindir.

Aun así, nunca se quejó. Dicen que solo una vez se encerró en su habitación y se echó a llorar.

Y es que si hay algo que no faltaba entre los Roosevelt era fuerza de voluntad.

La parálisis no impidió que, el 4 de marzo de 1933, Franklin Delano Roosevelt fuera elegido presidente de los Estados Unidos. Lo reelegirían tres veces, y gobernaría entre 1933 y 1945.

«Lo que no haces puede ser una fuerza destructiva».
Eleanor Roosevelt

Franklin Delano Roosevelt (1882-1945)

Con más de veintidós millones de votos, por entonces el récord para un candidato a la presidencia, el demócrata se convertiría en el 32° presidente de Estados Unidos. Ganó cuatro elecciones consecutivas.

A Eleanor le quedaba una asignatura pendiente: superar el miedo a hablar en público. Por suerte, Louis Howe, un hombrecillo arrugado con cicatrices en la cara que ejercía de secretario de prensa de la presidencia, puso su empeño en ayudarla. Formaron un buen equipo. Él la entrenó en el arte de la oratoria, del discurso político. Al principio Eleanor se creía incapaz, pero descubrió que no era tan difícil cuando se tenía algo que decir. Y todos tenemos algo que decir en un momento u otro.

Su nueva manera de hablar despertó el interés de la gente. Ya no se le escapaban sonrisas nerviosas ante su público. Aprendió a observar su entorno con detalle, a saber qué buscar, a comprender lo que veía.

Empezó a ser escuchada y valorada. Sus opiniones ganaron poder y comenzaron a volar por el mundo. Y ella aprovechó para dar voz a distintas causas sociales.

Oratoria

Se trata del arte de hablar con elocuencia, expresándonos con fluidez y propiedad al hablar en público, empleando tanto técnicas discursivas como de movimiento corporal. La primera escuela famosa de oratoria fue creada en Atenas por el filósofo Sócrates.

La Casa Blanca

Es el lugar donde viven y trabajan el presidente y la primera familia de los Estados Unidos. Construida en 1790 por idea de George Washington, se encuentra en la avenida Pensilvania, al oeste de Washington D. C., la capital del país.

De la exprimera dama de los Estados Unidos lo sabemos ya casi todo. Lo que muchos no sabían fue su romance secreto con Lorena Hickok, una de las reporteras más conocidas de los Estados Unidos. Se hicieron inseparables: Lorena Hickok, también llamada Hick, se mudó a la Casa Blanca, y juntas viajaron por todo el país y se enviaron un total de tres mil trescientas cartas.

Eleanor había crecido en una mansión con niñeras y sirvientas, mientras que Hick había trabajado de sirvienta en casas de otras personas.

A pesar de estas grandes diferencias, las dos amantes y amigas tenían algo en común: el hecho de haber pasado por infancias solitarias y de vivir en una época en la que su relación no era aceptada por la sociedad.

Su noviazgo fue algo más que simples declaraciones de amor. Hick le dio coraje para abrirse a sus verdaderos sentimientos.

«¡Oh! ¡Cómo deseaba abrazarte en persona en vez de imaginarlo! En vez de eso, besé tu fotografía y se me saltaron lágrimas».
Eleanor Roosevelt a Lorena Hickok

Lorena Hickok

Fue la periodista estadounidense más conocida en 1932. Después de cubrir la primera campaña presidencial de Franklin Roosevelt, entabló una estrecha relación con Eleanor.

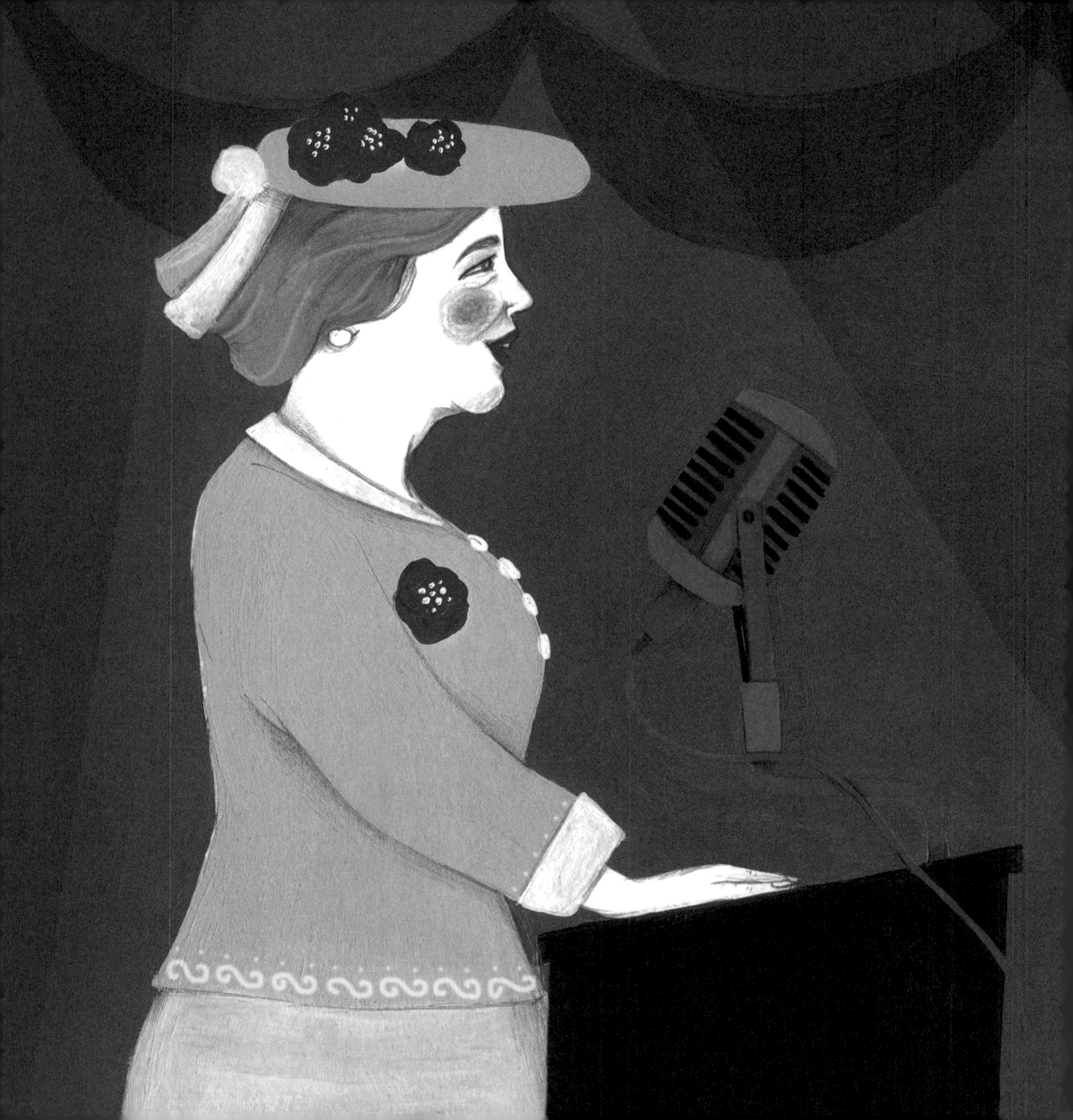

Aunque es difícil conseguir hacer tantas cosas y tan bien al mismo tiempo, Eleanor Roosevelt cumplió con todo lo que se propuso.

Política, activista y escritora, era valiente y tenía las ideas claras: confiaba en sus propios valores, pues sabía qué quería de la vida. Odiaba las guerras. También se enfrentó al machismo, al racismo y a las leyes injustas. Defendió los derechos humanos y la igualdad. Apostó por las minorías. Y estuvo al lado de las nuevas generaciones; de los jóvenes como tú.

Mujer incansable, se implicó en diversas causas humanitarias. Trabajó en la Cruz Roja y ayudó en la Primera Guerra Mundial con el reparto de comida y bebida. Le encantaba el trabajo de voluntariado.

«Te criticarán, hagas lo que hagas. Así que haz lo que te plazca y punto».
Eleanor Roosevelt

Cruz Roja Internacional

Fundada en 1863, es un movimiento humanitario que presta ayuda a los afectados por los conflictos bélicos. Se trata de una ONG independiente y neutral, cuyo objetivo es aliviar el sufrimiento humano y promover la vida y la salud.

Con la llegada de la Segunda Guerra Mundial, estuvo involucrada en un movimiento popular para acoger a niños refugiados europeos. También visitó hospitales y se reunió con soldados heridos. ¡Incluso cantó con ellos para levantarles el ánimo!

Eleanor no se estaba quieta ni un segundo. Colaboró con la Liga de Sindicatos de Mujeres recaudando fondos para luchar contra el trabajo infantil, por un salario digno y una semana laboral de cuarenta y ocho horas (¡y no más!). Además formó parte del Congreso Internacional de Mujeres Trabajadoras y creó programas sociales para ayudar a los más desfavorecidos durante la Gran Depresión.

Su día a día consistía en hacer la vida más fácil a los que más lo necesitaban.

Para conectar con la población afroestadounidense invitó a las estudiantes de la National Training School for Girls, una escuela de señoritas de color, a la Casa Blanca. Sin embargo, la sociedad no estaba preparada para alguien con ideas tan modernas y algunos la hicieron objeto de sus críticas. Pero ella sabía que las críticas eran de cobardes.

«Las mujeres tienen ventaja sobre los hombres: a lo largo de la historia se han visto obligadas a adaptarse. Han amoldado sus propios deseos, ambiciones e ilusiones personales a los de sus maridos e hijas y a las necesidades del hogar. En general se las han arreglado para que sus propios intereses encajen en un patrón centrado sobre todo en los intereses de los demás».
Eleanor Roosevelt

Por si fuera poco, la defensora incansable por la paz mundial y los derechos civiles también decidió apoyar a Marian Anderson, cantante afroamericana e ícono de lucha antirracista, cuando la organización Hijas de la Revolución le prohibió cantar en la Sala de la Constitución de Washington debido al color de su piel. Al enterarse, Eleanor organizó un concierto histórico en los escalones de un monumento conmemorativo a Lincoln, el 16° Presidente de los Estados Unidos de América. Setenta y cinco mil espectadores pudieron disfrutar de la magnífica voz.

Eleanor había triunfado en su lucha personal contra el miedo.

Entre el resto de sus proyectos, cabe destacar Arthurdale, una pequeña aldea de granjas para acoger a familias mineras. Las visitas que, acompañada por su compañera Hick, hizo a familias de mineros sin hogar la afectaron profundamente. No pudo quedarse de manos cruzadas. Con el fin de ayudarlos, pasó muchos años recaudando dinero e incluso gastó gran parte de sus ahorros en mejorar sus condiciones de vida.

Marian Anderson

La conocida cantante afroamericana fue una de las precursoras de la lucha por los derechos humanos y raciales en Estados Unidos. Su concierto en el Monumento a Lincoln inspiró a un joven Martin Luther King, que la escuchaba desde su casa.

La segregación racial

Hasta mediados del siglo xx, era aceptada socialmente. La lucha de activistas como Martin Luther King o John F. Kennedy fue crucial para poner fin a la separación racial en buses, colegios, hospitales y toda suerte de espacios públicos.

Nuestra protagonista, una de las personas más admiradas del siglo xx, se conocía muy bien a sí misma. Además, su capacidad de trabajo era impresionante, pero no lo tuvo nada fácil.

El 12 de abril de 1945, su marido estaba posando para un retrato cuando cayó inconsciente al suelo. Ya nunca más volvió a despertar. Tras la tragedia, Eleanor declaró: «La historia ha terminado», refiriéndose a su intención de abandonar la política. Aun así, la historia continuó con más energía que nunca. A partir de entonces tuvo que afrontar el futuro sin él.

Cuando en 1946 el sucesor de Franklin Delano Roosevelt, Harry S. Truman, la nombró delegada ante la Asamblea General de las Naciones Unidas sus tareas se multiplicaron.

◯

«Cultivar intereses mientras uno cría a sus hijos también es importante para ellos. Cuanto más amplio sea el abanico de experiencias de sus padres, mayor será la variedad de personas que encontrarán en su vida familiar, más se ampliarán sus horizontes y más abiertos estarán a las nuevas ideas cuando salgan al mundo».
Eleanor Roosevelt

El 9 de diciembre de 1948, Eleanor Roosevelt, nombrada presidenta de la recién creada Comisión de Derechos Humanos de las Naciones Unidas, captó la atención de todo el mundo con su potente discurso.

Minutos más tarde, cuarenta y ocho países votaron a favor de la Declaración Universal de los Derechos Humanos, también conocida como «la Carta Magna de la Humanidad», que recoge los derechos de todas las personas sin distinción de sexo, nacionalidad o clase social.

Nunca dejó de luchar para conseguir un nuevo mundo, uno que no repitiera todas las barbaridades que se habían cometido en el pasado.

Eleanor murió el 7 de noviembre de 1962, a la edad de 78 años. Fue enterrada junto con su difunto esposo en un sitio histórico nacional: la finca Springwood, en Hyde Park. Su historia y su lucha permanecerán para siempre escritas en la carta más importante de la humanidad.

«A la luz de la historia es más inteligente esperar que temer, intentarlo que no intentarlo».
Eleanor Roosevelt

Derechos humanos

Son los derechos inherentes a todos los seres humanos, sin distinción de nacionalidad, lugar de residencia, sexo, etnia, color, religión, lengua, etc.

Organización de las Naciones Unidas

La ONU es una organización formada por 193 países que se reúnen con el objetivo de trabajar juntos en favor de la paz y la seguridad de los pueblos, así como para luchar contra la pobreza y la injusticia.

EL MUNDO ESTÁ CAMBIANDO... Y TÚ PUEDES CAMBIAR EL MUNDO

La historia que acabas de leer
es la de una persona como tú.
Alguien que, desde muy joven,
se dio cuenta de que a su alrededor
había cosas que eran injustas,
que no funcionaban bien.
Pero sobre todo se dio cuenta
de que las personas
tienen el poder de cambiarlas.
Así que pensó en una solución,
buscó colaboradores para llevarla a cabo
y empezó. Con esa decisión
cambió su vida y la de muchos otros
que se encontraban con las mismas dificultades.

Da igual la edad que tengas o de dónde seas.
El primer paso y el más importante
es detectar lo que no funciona.
Después sólo hay que tener imaginación
y ganas suficientes para encontrar
las soluciones que ayuden a mejorar
la vida de los demás.

Ojalá el cuento que acabas de leer
te ayude a dar el siguiente paso.
Si hay problemas o cosas en tu entorno
que podrían mejorarse,
déjate inspirar por Eleanor Roosevelt y actúa.

Ya verás lo fantástico que es descubrir
que puedes construir **un mundo mejor**.
Una vez lo pruebas, no hay marcha atrás.
Es como cuando aprendes a montar en bici.
Una sensación de libertad y felicidad,
algo que ya nunca se olvida. **¿Te animas?**